LA COMMUNION

DE LA REINE

MARIE-ANTOINETTE

A LA CONCIERGERIE

PAR N. M. TROCHE

Chevalier de l'ordre Pontifical de Saint-Grégoire-le-Grand

LETTRE EXTRAITE DU JOURNAL *LE MONDE*

du 31 mars 1863

PARIS

IMPRIMERIE DIVRY ET Cⁱᵉ.

49. RUE N.-D. DES CHAMPS, 49.

1863

LA COMMUNION

DE LA REINE

MARIE ANTOINETTE

A LA CONCIERGERIE.

Monsieur le Directeur,

Les faits mémorables, même ceux qui sont le plus controversés, inspirent toujours l'intérêt et l'idée des recherches, au double point de vue de la justice et de l'histoire. C'est sous l'influence de cette idée et de ces sublimes paroles du psalmiste : *In memoria œterna erit justus* (Ps. III), que je viens vous prier, Monsieur le Directeur, de vouloir bien publier dans votre excellent journal, constamment dévoué à la défense loyale des droits et de la vérité, l'importante rectification historique qui va suivre, et dont voici le motif.

Votre honorable journal a publié, le 23 janvier dernier, l'analyse du beau et remarquable livre de M. Emile Campardon, intitulé : *Marie-Antoinette à la Conciergerie*. Cet article, écrit par M. Léon Gautier, dans un style qui dépose en faveur du talent et des honorables convictions de l'auteur, contient néanmoins, à l'égard de la communion de la reine martyre dans la prison de la Conciergerie, une négation absolue que je regrette d'autant plus vivement, qu'elle charge indirectement d'un mensonge la mémoire irréprochable du vénérable Charles Magnin, ancien curé de la paroisse de Saint-Germain-l'Auxerrois, décédé à Paris, âgé de 83 ans, le 12 janvier 1843, et dont la longue vie s'est écoulée en faisant le bien.

Honoré de son estime et de ses pieux conseils pendant plus de vingt ans, il m'incombe de relever une erreur préventive, formulée, j'aime à le croire, sans passion. Mais je dois d'abord, pour faire apprécier le mérite du saint prêtre, donner quelques brefs détails sur le zèle et le courage qu'il déploya pour l'exercice du saint ministère, au fort de la persécution révolutionnaire, lorsqu'il suffisait d'un signe de piété pour porter sa tête sur l'échafaud. Parler ici des premières années de M. l'abbé Magnin à son glorieux début dans le sacerdoce, serait sortir de mon sujet; je dirai seulement qu'il vint à Paris pour réaliser le projet qu'il avait formé d'aller porter le flambeau de la foi chez les nations infidèles, mais que sa famille s'y montra si opposée qu'il crut devoir céder.

M. Magnin continua d'habiter Paris; on était alors sous le régime de la terreur, et les prêtres, mis hors la loi, étaient obligés de se cacher. La maison de la veuve Fouché, revendeuse, rue Saint-Martin, auprès de l'église Saint-Merry, lui offrit un asile sûr. Cette respectable veuve avait deux filles, pieuses comme elle : Thérèse-Victoire et Marie-Marguerite-Madelaine Fouché, qui secondaient de tout leur pouvoir le zèle de M. Magnin, qui trouvait moyen, ainsi que beaucoup de ses vénérables confrères, d'administrer les sacrements, de visiter les malades, de donner des consolations, d'instruire l'enfance et de travailler à la perpétuité du sacerdoce. Ainsi, durant cette affreuse crise, il est certain qu'il ne se passa pas un seul jour sans que le saint sacrifice de la messe fût offert dans Paris. Je dois rappeler ici, à cette occasion, que la chapelle des Dames-Anglaises, qui s'élevait sur une haute terrasse, dans la rue des Fossés-Saint-Victor, et qui a été démolie naguère pour faire passer un boulevard sur ses ruines, était la seule église de Paris où la messe fût célébrée alors sans interruption. M. Magnin m'a indiqué lui-même une maison de la rue Neuve-des-Capucines où il a dit la messe dans une chambre située au-dessus du logement alors habité par l'affreux démagogue Babeuf.

Le danger semblait augmenter le zèle de M. Magnin; pour exercer ses fonctions sacerdotales avec quelque sécurité, il parcourait les rues déguisé en marchand d'habits, un sac sous le bras, renfermant ses ornements et des objets liturgiques; et, sous le prétexte d'offrir ses chiffons aux locataires, il pénétrait dans diverses maisons où l'attendaient de pieux fidèles; et alors se renouvelaient les scènes mystérieuses et sublimes des catacombes.

C'est dans ce même temps que l'infortunée reine Marie-Antoinette gémissait accablée de toutes sortes de maux dans un cachot de la conciergerie du Palais-de-Justice, où elle avait été transférée du Temple le 1er août 1793. M. l'abbé Magnin osa pénétrer jusqu'à elle par les moyens suivants : Mlle Fouché aînée avait la louable habitude de visiter les prisonniers et de leur porter des secours; connue des deux concierges successifs, Richard et Bault, elle put ainsi arriver auprès de la Reine et savoir quel était son pieux désir. Elle en fit part à M. Magnin, qui accueillit cette proposition avec joie et comme une faveur du Ciel. Il se rendit à la Conciergerie accompagné de Mlle Fouché. La Reine l'attendait; elle reçut de lui les sacrements. La femme du concierge Richard, qui était, ainsi que son mari, dans la confidence, avait demandé au Comité du Salut public et obtenu la permission d'introduire un prêtre. Mais M. Magnin ignorait le résultat de cette démarche; la Reine n'en savait rien non plus, et ceci se passait dans le courant d'août, car le 11 septembre, Richard, qui était très-bon, fut, à cause de l'affaire de l'œillet, remplacé par le sieur Bault, concierge en chef de la Force, qui avait aussi un cœur excellent. Il ne s'opéra que de légers changements dans le régime intérieur de la prison.

Le fait de l'introduction de M. l'abbé Magnin dans cette prison a été souvent contesté, en alléguant une impossibilité physique d'introduire qui que ce fût auprès de la Reine. Cependant on aurait dû se rappeler que sous les concierges Richard et Bault, MM. Hue et Cléry entretinrent une correspondance, mystérieuse à la vérité, avec l'auguste prisonnière; qu'un médecin fut appelé plusieurs fois, ainsi qu'un pharmacien du quartier, pour fournir à la princesse les secours de leur art, et que le marquis de Rougeville ne fut pas le seul qui eut l'honneur de parler à Sa Majesté.

Il est donc incontestable, ainsi que je vais en donner les preuves, que M. Magnin a eu le bonheur de confesser plusieurs fois la reine Marie-Antoinette, de lui dire la messe et de lui donner la communion en présence de Mlle Fouché et des deux gendarmes qui, pleins de foi et prévenus d'avance, eurent le bonheur, comme cette demoiselle, de communier après la princesse. L'un de ces militaires, officier dans son corps, avait été capitaine dans l'ancienne connétablie, et l'autre était simple brigadier; ils partageaient tous deux les mêmes sentiments pieux et monarchiques, dont ils avaient toujours été pénétrés. On croit qu'ils ont payé de leur tête, peu de temps après, ces nobles convictions, dans une ville de province.

Peu de jours après cette scène sublime, M. Magnin tomba gravement malade et fut contraint de garder le lit. La Reine en fut très-affectée. Mlle Fouché, qui avait déjà donné tant de preuves de son zèle et de son dévouement à Sa Majesté, proposa et fit agréer un autre ecclésiastique, prêtre vendéen, nommé M. Cholet, qui donna à la princesse les derniers secours de la religion, deux jours avant sa comparution au tribunal révolutionnaire (14 octobre 1793). Ce vénérable ecclésiastique quitta la France aussitôt, et dès lors la Reine ne put plus revoir ses amis. Elle consomma son sacrifice le 16 octobre.

Quant à M. Magnin, il se tint à l'écart, accomplissant les devoirs de son ministère, disant la messe dans un oratoire particulier, conférant avec ses supérieurs légitimes, s'affectionnant de plus en plus à son martyre. C'est seulement à l'époque du Concordat qu'il reparut dans les églises. Alors il s'attacha comme prêtre administrateur à la paroisse de Saint-Roch. Il y resta pendant quatorze années.

Madame la duchesse d'Angoulême avait eu connaissance du pieux événement de la Conciergerie dès l'année 1804, pendant son exil à Mittau, en Courlande, d'où elle fit parvenir l'expression de sa gratitude à Mlle Fouché. Puis, après la restauration de l'auguste famille royale, elle cherchait une occasion de prouver sa reconnaissance à M. Magnin. Cette occasion se présenta d'elle-même. Des motifs connus de l'autorité archiépiscopale nécessitèrent le changement du vénérable M. Valayer, alors curé de Saint-Germain-l'Auxerrois. Il fut transféré à Saint-Nicolas-des-Champs. M. Magnin lui succéda le 5 novembre 1816, et devint ainsi le curé des Tuileries.

De 1816 à 1831, l'administration de M. Magnin fut exclusivement celle d'un père vénéré de ses enfants spirituels. La révolution de Juillet passa devant lui sans l'effleurer. Mais le 13 février 1831, sous l'apparent prétexte du service qu'il célébra pour le repos de l'âme de Mgr le duc de Berry, son église fut odieusement profanée et dévastée, puis elle resta fermée jusqu'au 13 mai 1837. Pendant ces six années, sa position, relativement à son rang hiérarchique, fut exactement et aussi tristement déplorable que celle de Mgr de Quélen ; il la supporta avec un courage énergique, résistant à l'autorité civile, qui l'engageait à se démettre. Mais considérant que la réouverture de son église, désirée de ses paroissiens, ne pouvait avoir lieu qu'à ce prix, il alla prier Mgr l'Archevêque de lui donner son agrément à sa résignation, et la démission fut envoyée au roi Louis-Philippe.|

Je dois faire remarquer ici, qu'en butte aux calomnies pendant ces six années d'épreuves, aucun écrit, aucun journal, n'attaquèrent la sincérité de M. Magnin, au sujet de ses pieux rapports avec la Reine à la Conciergerie. On savait, d'ailleurs, que ce fait était notoire dans la famille des Bourbons. Voici ce qui le prouve péremptoirement : au Salon de 1819, le peintre Menjaud exposa un tableau représentant S. M. la reine Marie-Antoinette recevant la communion des mains de M. l'abbé Magnin, dont les traits y sont reconnaissables ; la scène se passe en présence de Mlle Fouché et de deux gendarmes. Le public admira avec sensibilité cette intéressante composition. La famille royale la vit avec consolation. Le roi Louis XVIII la considéra avec un vif intérêt, et quelques jours après avoir visité le Salon, Sa Majesté daigna adresser, à ce sujet, des paroles flatteuses à M. le curé de Saint-Germain-l'Auxerrois.

Plusieurs personnes qui jouirent de la vue de ce touchant tableau, et d'autres qui ne le connurent que par le compte qu'en rendirent les journaux, témoignèrent le désir de voir reproduire par la gravure le souvenir d'un événement si consolant et en même temps si honorable pour la religion. Ce fut pour accomplir leur vœu que deux artistes bien connus par leurs travaux et par leurs honorables principes, MM. Bazin et Civeton, exécutèrent avec le plus grand soin une lithographie sur la composition de M. Menjaud, destinée à conserver le souvenir d'un événement aussi remarquable. Madame, duchesse d'Angoulême, ayant bien voulu agréer la dédicace de cette lithographie, ils eurent l'honneur de la lui présenter, et Son Altesse Royale daigna leur dire qu'elle leur savait gré de s'être occupés d'un sujet aussi intéressant, et dont l'exécution lui paraissait habilement achevée. Ainsi, on le voit, les peintres ne furent pas aussi mal inspirés que le prétend M. L. Gautier, d'avoir choisi un tel sujet.

Cette exhibition artistique, favorablement accueillie, n'excita aucune négation sur la véracité de la scène représentée. Mais cinq ans après, en 1824, Lafond d'Auxonne, ancien curé de Drancy, du diocèse de Versailles, qui, ayant déshonoré le sacerdoce par sa conduite, le quitta pour se faire marchand de bleu de Prusse et amidonnier, osa attaquer dans leur honneur M. Magnin et Mlle Fouché, dans un pamphlet intitulé : *La fausse communion de la Reine, soutenue au moyen d'un faux.*

Reçu comme ami chez M. Magnin, j'y ai vu souvent la dame veuve Bault; c'est d'elle et des deux demoiselles Fouché que j'ai recueilli une partie des détails consignés ci-dessus : à ce titre je leur devais, et à notre bon curé, toute ma sympathie. C'est donc moi qui, le premier, l'informai de la publication de l'odieuse brochure. Le lendemain, qui était un dimanche, M. Magnin monta en chaire entre vêpres et complies, et en présence d'une nombreuse assemblée de ses paroissiens, dont je faisais partie *comme auditeur*, il protesta avec une charitable modération contre une imputation si révoltante. Il rapporta le fait et ses principales circonstances. Puis, se tournant vers l'autel, il éleva ses mains et affirma devant Dieu, reposant dans le tabernacle, que tout ce qu'il venait de dire était la pure vérité. Or, en présence d'une déclaration aussi énergique, faite en tel lieu et par un pasteur aussi vénérable par sa vieillesse que par ses vertus sacerdotales, le doute n'est plus possible, et du reste la vie de M. Magnin fournirait à elle seule une preuve sans réplique. Il existe probablement encore quelque-uns des témoins de cette solennelle affirmation. Nous pouvons en citer un : notre respectable ami M. l'abbé Hugues, ancien premier vicaire de Saint-Germain-l'Auxerrois, sous l'administration de M. Magnin, aujourd'hui ancien curé de Sainte-Valère et chanoine honoraire de Paris.

Dans sa consciencieuse *Histoire de Louis XVII* (tome II, page 158), M. de Beauchesne dit qu'il existe une attestation signée de M. Magnin, qui était entre les mains du baron Hyde de Neuville, ministre de la marine sous Charles X, laquelle attestation est ainsi conçue : « Je certifie de plus que, dans le « mois d'octobre 1793, j'ai eu le bonheur de péné- « trer à la Conciergerie avec Mlle Fouché, d'y con- « fesser plusieurs fois la reine Marie-Antoinette, de « lui dire la messe et de la communier. »

En 1825, le prêtre apostat publia un nouveau pamphlet intitulé : *Mémoire au Roi sur l'importance du faux matériel de la Conciergerie*. Mais cette nouvelle insulte ne fit qu'augmenter l'estime dont M. Magnin était honoré aux Tuileries, à l'archevêché et dans sa paroisse. Au reste, la famille des Bourbons n'eut jamais l'ombre d'un doute sur ce fait, seul motif de consolation qui lui restait après une telle catastrophe.

La négation de ce fait grave, par M. Léon Gautier, est purement superficielle. Si l'honorable publiciste avait fouillé au fond des choses, il eût été assurément pénétré d'un tout autre sentiment. Il fonde son opinion sur ce que, dans la touchante lettre que la Reine écrivit à sa sœur, Madame Elisabeth, au moment où elle allait mourir, on lit ces paroles : « Ne sachant s'il existe encore ici des prê« tres de cette religion (c'est-à-dire non assermen« tés), et même le lieu où je suis les exposant trop, « s'ils y entraient une fois... » Or, si l'on veut bien y réfléchir, il doit paraître évident que ces paroles étaient dictées par une sage prudence, la lettre pouvant tomber dans des mains ennemies. La Reine pensa qu'elle devait s'abstenir de laisser entrevoir qu'elle avait reçu les secours de la religion, et que cet aveu aurait infailliblement compromis le concierge et les gardiens, et que, probablement, il aurait aussi exposé les personnes charitables qui l'avaient soulagée, à des investigations dont elles auraient été victimes.

Qu'on se souvienne aussi qu'il se passa quatre jours entre la dernière communion de la Reine, donnée par l'abbé Cholet, et le jour de son supplice. De sorte que ne voyant plus revenir ses amis pendant cet intervalle, bien long pour l'auguste martyre, elle dut croire qu'ils avaient péri : c'est donc cette triste prévision qui lui inspira la phrase dubitative sur l'existence des prêtres insermentés.

La lettre de la royale victime se termine ainsi : « On m'amènera peut-être un prêtre; mais je pro« teste ici que je ne lui dirai pas un mot, et que « je le regarderai comme un être absolument étran« ger. »

Ce sont ces deux passages de la lettre de la Reine qui ont inspiré à l'honorable M. Léon Gautier les conclusions suivantes, qu'on trouvera peut-être un peu hasardées : « Par ces refus de la Reine, on voit

« combien est peu fondée l'opinion de ceux qui pré-
« tendent qu'elle a communié à la Conciergerie.....
« Elle n'a pas eu la possibilité de voir un prêtre in-
« sermenté. Toute consolation sacramentelle lui a
« manqué; c'est ce qui résulte de tous les textes
« originaux. » Quels textes?... Cette dernière objection tombe d'elle-même, sans portée, car aucun acte original officiel n'a pu constater cette pieuse action accomplie en secret, avec les plus minutieuses précautions, pour échapper aux regards dangereux des persécuteurs.

Voici encore un fait qui vient fortifier mes observations et justifier M. Magnin. On sait que François Girard, curé de Saint-Landry et vicaire-général de l'évêque constitutionnel de Paris, Gobel, fut désigné par la Convention pour assister la Reine et la conduire au supplice. Lorsqu'il lui offrit les secours de son ministère, elle le remercia sans aigreur : « Mais,
« Madame, dit M. Girard, que dira-t-on quand on
« saura que vous avez refusé les secours de la reli-
« gion? — Vous direz aux personnes qui vous en
« parleront, répondit la Reine, que la miséricorde
« divine y a pourvu par des moyens dont je ne puis
« vous rendre compte. »

M. L. Gautier demande aussi comment il se fait qu'un prêtre ait pu supporter l'injure d'un tel refus et la grandeur d'un tel spectacle sans s'écrier tout aussitôt : J'abjure mon serment! A cela je réponds que l'abbé Girard fut tellement ému qu'il ne put retenir ses larmes, et qu'arrivés au pied de l'échafaud, il supplia la Reine de lui accorder le dernier baiser, le baiser de paix et de miséricorde, faveur que la princesse eut la bonté de lui accorder. Et je dois ajouter que M. Girard eut le bonheur de reconnaître sa faute et d'abjurer ses erreurs. Devenu chanoine de Notre-Dame de Paris, il fit part de toutes ces circonstances à diverses personnes, et notamment à de savants et pieux ecclésiastiques qui les ont dévoilées.

Ainsi la communion de la Reine à la Conciergerie est un fait notoire et désormais acquis à l'histoire. Ce fait avait transpiré dans des moments encore bien dangereux, puisqu'un livre de Dessessart, publié en 1798, intitulé : *La vie et les crimes de Robespierre*, imprimé sous la Convention, contient, à la page 258, cette phrase remarquable : « Quel grief eût-ce été aux
« yeux d'Hébert et du tribunal de Robespierre, s'ils
« eussent su que *l'accusée* (l'auguste Marie-Antoi-
« nette) avait employé pour se confesser le minis-
« tère du prêtre catholique nommé *Charles Ma-*
« *gnin!* »

Pour connaître d'une manière plus étendue le détail des circonstances qui ont précédé et accompagné cette scène si édifiante, il faut lire : 1° le récit de Mme la princesse de Chimay, qui se lit à la fin du tome II de l'*Histoire de Marie-Antoinette, reine de France*, publiée en 1814, par M. de Montjoie; 2° *Marie-Antoinette à la Conciergerie*, par M. le comte de Robiano, chambellan du roi des Pays-Bas; 3° l'*Histoire de la reine Marie-Antoinette*, par Achaintre.

Enfin, M. Hyde de Neuville s'exprime ainsi, dit M. de Beauchesne, dans une lettre écrite à l'occasion des *Girondins*, de M. de Lamartine, et qu'on trouve dans les études critiques sur les *Girondins*, par M. A. Nettement : « J'ai sur la communion de
« la Reine dans son cachot plus que des renseigne-

« ments oraux. De précieux documents m'ont été
« confiés : J'ai des lettres de Mme Bault, femme du
« concierge de la prison. Dans une lettre, elle dit
« que l'abbé Magnin eut le courage de pénétrer, à
« travers mille dangers, dans la prison de cette il-
« lustre princesse, pour lui porter les consolations
« de la religion. Voici comment s'exprime, dans
« une déclaration que j'ai également, un homme
« honorable, ami de M. Bault : « Un soir que j'étais
« chez le sieur Bault, sur la fin de septembre ou
« dans les premiers jours d'octobre, je vis entrer
« quelqu'un ayant un air remarquable et qui attira
« toute mon attention. La demoiselle Bault, qui
« donnait des soins à l'infortunée Reine, me dit que
« c'était M. Charles, confesseur et consolateur de
« la Reine. » J'ai d'autres déclarations, d'autres cer-
tificats qui constatent le même fait. (*Histoire de Louis XVII*, tome II, page 158.)

Nous ne pouvons mieux terminer cette lettre qu'en donnant copie d'une pièce qui fait disparaître toutes les difficultés opposées au fait de l'introduction de M. Magnin à la Conciergerie : c'est une attestation de M. Monnin, ancien aide de camp du général Henriot, alors commandant de la garde nationale de Paris, chargé de visiter la Conciergerie pendant la captivité de la Reine. Interrogé sur le fait de la communion de Sa Majesté, il a répondu par la déclaration suivante : « Il est non-seulement possible,
« mais même très-probable que Marie-Antoinette a
« reçu la communion à la Conciergerie. Pourquoi
« aurait-elle sollicité la permission de recevoir un
« prêtre dans sa prison, si elle n'avait pas eu l'in-
« tention d'obtenir de lui les secours de la religion ?

« Cette permission, je me suis chargé, à la sollici-
« tation de Mme Richard, de la demander moi-même
« au Comité de Salut public; elle m'a été accordée
« et adressée à Fouquier-Tinville, à qui je l'ai re-
« mise; et cet accusateur public l'a transmise au
« gardien de la Conciergerie. Voilà les faits que j'at-
« teste. Paris, le 19 juin 1825. Signé : Monnin. »

Cette autorisation si positive ne diminue en rien le prix du courageux dévouement de Mlle Fouché et de M. l'abbé Magnin, attendu que dans le temps ils n'en avaient aucune connaissance et ne l'ont su qu'en 1825. Qui pourrait, après tant de preuves si évidentes, douter de la vérité de ces faits, balancer entre des témoignages aussi respectables et des préventions sans examen ?

J'aime à espérer que vous voudrez bien publier cette rectification historique, et agréer, Monsieur le Directeur, la nouvelle expression de ma haute et respectueuse estime.

TROCHE,

auteur d'une monographie inédite de
l'église Saint-Germain-l'Auxerrois.

www.ingramcontent.com/pod-product-compliance
Lightning Source LLC
Chambersburg PA
CBHW070540050426
42451CB00013B/3099